Dennis Sluyterman

Gesellschaftliche Ursachen ethnischer Konflikte durch Migration

GRIN Verlag

Bibliografische Information der Deutschen Nationalbibliothek:

Die Deutsche Bibliothek verzeichnet diese Publikation in der Deutschen National-
bibliografie; detaillierte bibliografische Daten sind im Internet über http://dnb.d-
nb.de/ abrufbar.

Impressum:

Copyright © 2011 GRIN Verlag GmbH
Druck und Bindung: Books on Demand GmbH, Norderstedt Germany
ISBN: 978-3-656-36647-8

Dieses Buch bei GRIN:

http://www.grin.com/de/e-book/208934/gesellschaftliche-ursachen-ethnischer-
konflikte-durch-migration

GRIN - Your knowledge has value

Der GRIN Verlag publiziert seit 1998 wissenschaftliche Arbeiten von Studenten, Hochschullehrern und anderen Akademikern als eBook und gedrucktes Buch. Die Verlagswebsite www.grin.com ist die ideale Plattform zur Veröffentlichung von Hausarbeiten, Abschlussarbeiten, wissenschaftlichen Aufsätzen, Dissertationen und Fachbüchern.

Besuchen Sie uns im Internet:

http://www.grin.com/

http://www.facebook.com/grincom

http://www.twitter.com/grin_com

Inhaltsverzeichnis

Einleitung..1
1. Die Minderheit..3
2. Formen, Ursachen und Funktionen sozialer Konflikte............................4
2.1 Erscheinungsformen sozialer Konflikte...4
2.1.1 Gesichtspunkte der Konfliktbeziehung...5
2.2 Ursachen sozialer Konflikte 6
2.3 Funktionen sozialer Konflikte...6
3. Die Diskriminierung der Minderheiten..6
3.1 Die Unterschiedlichen Formen der Diskriminierung...........................7
3.1.1 Unterschiedliche kulturelle Werte...7
3.1.2 Zuschreiben negativer Merkmale..8
3.1.3 Soziale Vorurteile...9
3.1.4 Diskriminierungen..9
3.2 Die Reaktion auf die Diskriminierung...10
3.2.1 Akkommodation..10
3.2.2 Herausfordern der Dominanten Mehrheit......................................10
4.Fazit..11

Einleitung

Diese Hausarbeit beschäftigt sich mit den Gesellschaftlichen Gründen Ethnischer Konflikte in Einwanderungsgesellschaften, mit dem Schwerpunkt auf die sozialen Rahmenbedingungen und Auslöser der Konflikte innerhalb dieser Gesellschaften. Dabei kann aufgrund des beschränkten Umfangs dieser Hausarbeit nicht auf alle wichtigen Punkte eingegangen werden. Ich bitte dies zu entschuldigen, andernfalls würde es einfach den Rahmen der mir zur Verfügung gestellten 9 Seiten überschreiten.

Dabei wird vorausgesetzt das die Umstände der Migration in die Aufnahmegesellschaften,die auf freiwilliger Basis und aufgrund wirtschaftlicher Miseren im Herkunftsland der Migranten stattfand, dem Leser bekannt sind und keiner weiteren Erläuterung bedürfen.[1]

Dabei muss natürlich erst einmal geklärt werden, wie die Migranten innerhalb der Gesellschaft zur Minderheit deklariert werden und welche Gesellschaftlichen Vorgänge dafür verantwortlich gemacht werden können.

Im weiteren Verlauf dieser Hausarbeit geht es vor allem um die Formen, Ursachen und Funktionen sozialer Konflikte der Zugewanderten in wichtigen sozialen Bereichen des Gesellschaftlichen Lebens (Arbeit, Bildung, Wohnraum)[2], um die Konkurrenz zwischen Einwanderern und Einheimischen beim Kampf um Arbeit, Bildung und Wohnraum und um den Grad der gewährten Partizipation den die Einwanderungsgesellschaften den Migranten in ihrem Alltag auferlegten und letztendlich Auslöser jener ethnischer

---

1 Zum Nachlesen: Petrus Han, Minderheiten in der modernen Gesellschaft, S.7
2 Axel Schulte u.a., Ethnische Konflikte und Integrationsprozesse in
 Einwanderungsgesellschaften, S. 15

Konflikte sind, seien sie nun gegen die Aufnahmegesellschaft oder sogar gegen andere Minderheiten innerhalb dieser gerichtet[3], die seit Jahrzehnten in allen Teilen der Welt beobachtet werden können.

Die Aktualität und Relevanz dieser Probleme wird nicht nur durch die vergangenen Rassenunruhen in Paris, sondern auch durch die anhaltende Verfolgung kurdischstämmiger Menschen im Nahen Osten oder die gezielte Verfolgung und Hinrichtung ganzer Völker auf dem Balkan reichlich illustriert. Wer genau hinschaut findet auf der ganzen Welt, in jedem Land, in jeder Region, Stadt und wahrscheinlich sogar in der eigenen Straße oder im Wohnhaus Beispiele für ethnische Konflikte. Sie bilden somit einen teil unseres täglichen Lebens und verlangen nach Lösungsmöglichkeiten, die allen beteiligten eine zufriedenstellende Beendigung der Konflikte ermöglichen.

---

3   Axel Schulte u.a., Ethnische Konflikte und Integrationsprozesse in
    Einwanderungsgesellschaften, S.15

1. Die Minderheit

Minderheiten können ganz unterschiedlich entstehen. In der Einleitung sind wir davon ausgegangen, das der Grund der Migration auf freiwilliger Basis und durch wirtschaftliche Missstände im Herkunftsland zustande gekommen sind. Dennoch sollten wir einmal kurz herausstellen, was man allgemein unter einer Minderheit versteht.

Der Begriff Minderheit bezeichnete eine Nationalitätsgruppe, die ihren Lebensraum innerhalb einer Nation hatte, deren politische Kontrolle jedoch durch eine Mehrheitsbildende Nationatiltätsgruppe ausgeübt wurde.[4]

Hieraus ergibt sich, das Minderheiten in der Regel von ethnischen Gruppen gebildet werden, die von der Mehrheit der Aufnahmegesellschaft diskriminiert werden. Die gründe für Diskriminierung liegen in der Konfrontation von Merkmals-komplexen durch Fremd- und Selbstzuschreibung[5], welche den angehörigen bei der öffentlich deklarierten Zugehörigkeit ethnische Orientierung ermöglicht. Der damit verbundene persönliche glaube an die Eigenwertigkeit der ethnischen Merkmale macht eine Orientierung überhaupt erst möglich.

Die Diskriminierung bezieht sich dabei auf ganz bestimmte, höhergestellte Güter und Privilegien im Bereich des

---

[4] Petrus Han, Minderheiten in der modernen Gesellschaft, S. 5
5 Petrus Han, Minderheiten in der modernen Gesellschaft, S. 5

Gesellschaftlichen Lebens, welche die Dominante Mehrheit sich selbst erhalten und der Minderheit vorenthalten möchte.

Dies führt zwangsläufig dazu, das die Minderheiten sich aufgrund der Diskriminierung und der Ausschließung gegenüber der Mehrheit solidarisch „schließen" müssen.[6]

2. Formen, Ursachen und Funktionen sozialer Konflikte

„Unter welchen Bedingungen können die Angehörigen verschiedener ethnischer Gruppen oder kultureller Gemeinschaften miteinander auskommen? Und unter welchen Umständen arten die Beziehungen zwischen ihnen wahrscheinlich in Gewalt aus?"[7]

Bevor wir uns denFormen, Ursachen und Funktionen der sozialen Konflikte widmen, müssen wir klarstellen was der Begriff Konflikt Sozialwissenschaftlich bedeutet und wie er auszulegen ist. Der Begriff *Konflikt* Bezeichnet eine besondere Form sozialer Beziehungen, nämlich *„Gegensätzlichkeiten, Spannungen, Gegnerschaften, Auseinandersetzungen, Streitereien und Kämpfe unterschiedlicher Intensität zwischen verschiedenen sozialen Einheiten"*[8]

2.1 Erscheinungsformen sozialer Konflikte

Grundsätzlich kann man von 2 unterschiedlichen Formen der sozialen Konflikte sprechen, den *latenten Konflikten* und den *manifesten Konflikten*. Beide Formen werde ich kurz gegenüberstellen:

<u>Latente Konflikte</u>	<u>Manifeste Konflikte</u>
- ist meist nicht als Konflikt an	- sind erkennbar

6 Petrus Han, Minderheiten in der modernen Gesellschaft, S. 4
7 Giddens 1997, S. 324F zitiert in Alex Schulte u.a. Ethnische Konflikte und Integrationsprozesse in Einwanderungsgesellschaften, S. 12
8 Hillmann 1994, S. 432 zitiert in Alex Schulte u.a. Ethnische Konflikte und Integrationsprozesse in Einwanderungsgesellschaften, S. 13

sich erkennbar

- es kommt bei ihnen nicht zu einer offenen Austragung	- werden offen ausgetragen, z.B. vor Gericht, in einer Schlägerei oder einer Straßenschlacht
- wird oft mit nicht zugelassenen und anerkannten Mitteln geführt	

9

2.1.1 Gesichtspunkte der Konfliktbeziehung

Nach dem wir die Erscheinungsformen sozialer Konflikte kurz gegenübergestellt haben, folgt nun die nächste Unterteilung in *echte Konflikte* und *unechte Konflikte*, deren Gesichtspunkte wir ebenfalls kurz gegenüberstellen:

~~Echte Konflikte~~	~~Unechte Konflikte~~
- brechen aufgrund bestimmter Ursachen zwischen Gruppen bzw. Personen aus	- dient einem der Konfliktpartner als purer Selbstzweck
- diese fungieren als Mittel ganz bestimmte Ergebnisse und Ziele zu erreichen (als Beispiel sei hier der Konflikt zwischen Schwarzen und Weißen in den USA genannt, der den schwarzen mehr teilhabe am Gesellschaftlichen Leben einbrachte)	- sind **nicht** durch gegensätzliche Ziele ausgelöst
- nach erreichen des Ziels oder eines äquivalent, werden die Konflikte in der Regel beendet	- dient der Entlastung von Spannungen und Aggressionen gegenüber einem im Prinzip austauschbaren Partner

10

Dient der *unechte Konflikt* der Kanalisierung von Aggressionen und Sozialängsten, so kann es sich immer nur um eine Scheinlösung handeln, da die Konfliktursachen nicht beseitigt, sondern nur die daraus resultierenden Aggressionen abgebaut, werden. Dabei wird oft von einem *umgeleiteten Konflikt* gesprochen.[11]

9 Informationen aus Axel Schulte u.a. Ethnische Konflikte und Integrationsprozesse in Einwanderungsgesellschaften, S. 14
10 Informationen aus Axel Schulte u.a., Ethnische Konflikte und Integrationsprozesse in Einwanderungsgesellschaften, S. 14
11 Axel Schult u.a., Ethnische Konflikte und Integrationsprozesse in Einwanderungsgesellschaften, S. 14

2.2 Ursachen sozialer Konflikte

Unter Ursachen für soziale Konflikte versteht man meist Ungleichheiten und Spannungsverhältnisse in der Gesellschaft. Dazu gehören ungelöste soziale Probleme aber auch die unterschiedlichen Interessen der Gesellschaftlichen Gruppen, deren abweichende Wertvorstellungen und Ideologien sowie soziale Ungleichheit und unausgewogene Herrschaftsverhältnisse gegenüber den Minderheiten. Dazu gesellen sich oft komplett gegensätzliche und Standpunktabhängige Lösungsstrategien für oben genannte Probleme. Dabei können sich diese Konflikte auf Einzelfragen, Gesellschaftliche Teilbereiche oder auch gesamtgesellschaftlich und transnational, also Nationen-übergreifende Probleme, beziehen.[12]

2.3 Funktionen sozialer Konflikte

Nachdem wir uns mit den Erscheinungsformen und Ursachen sozialer Konflikte beschäftigt haben, kommen wir nun zur Ausarbeitung der Funktionen solcher Konflikte. Sie dienen in erster Linie immer einem bestimmten Grund, sollen z.b. soziale Ungleichheiten anprangern und versuchen diese zu beheben. Auslöser dafür sind die Wut und Ohnmacht der diskriminierten Minderheiten in der Gesellschaft, die nach mehr Partizipation und Gleichberechtigung im Bezug auf die sozialen Güter wie z.b. Arbeit und Bildung oder teilhabe an Gesellschaftlichen Entscheidungsprozessen in ihrem Stadtteil, ihrer Kommune oder Landesweit verlangen.

3. Die Diskriminierung der Minderheiten

Die bewusste oder unbewusste Ablehnung und Diskriminierung auf unterschiedliche Art und Weise sind weltweit in allen Regionen ein dem Gesellschaftlichen Systemen innewohnendes Problem, mit dem

---

12 Alex Schulte u.a. Ethnische Konflikte und Integrationsprozesse in
   Einwanderungsgesellschaften, S. 13

vor allem Gesellschaftliche Minderheiten konfrontiert werden. Die dadurch entstehenden Gesellschaftlichen Spannungsverhältnisse sind logische Folgen aus dieser Form des Umgangs mit den Minderheiten. Die Form der Ablehnung und Diskriminierung kann dabei sehr unterschiedlich sein und auf völlig verschiedenen realen Tatbeständen und Gesellschaftlichen Rahmenbedingungen beruhen.

3.1 Die Unterschiedlichen Formen der Diskriminierung

Jetzt wollen wir auf einige unterschiedlichen Formen und Gründe für Diskriminierung in der Gesellschaft eingehen, diese verdeutlichen die Mechanismen welche soziale Diskriminierung und Ablehnung von Minderheiten in der Gesellschaft in Gang setzen.

3.1.1 Unterschiedliche kulturelle Werte

Jede Kultur verkörpert ganz bestimmte Kulturspezifische Werte, die in einem langen Prozess der Entwicklung entstanden und überliefert worden sind. Sie dienen als Grundlage des Zusammenhalts, als ein Maßstab für Entscheidungen und Handlungen und als Kriterium der Wahrheit, Realitätsauslegung und Urteilsbildung innerhalb der Gesellschaft. Diese Werte werden durch Sozialisation den einzelnen Mitgliedern der Gesellschaft vermittelt und verinnerlicht und machen somit kulturelle Selbstverständlichkeiten aus.[13]

Daraus ergibt sich eine grundlegende Ursache für die Ablehnung und Diskriminierung von Minderheiten, die in der Unterschiedlichkeit ihrer kulturellen Werte von denen der Dominanten Mehrheit abweichen. Die angehörigen der Minderheiten halten an ihren kulturellen Prinzipien fest und versuchen gleichzeitig die Lebenswelt der

---

13 Petrus Han, Minderheiten in der modernen Gesellschaft, S. 8

dominanten Mehrheit aus ihrem Selbstverständnis heraus zu deuten.
[14]Für die Minderheiten bleibt die Kultur der Dominanten Mehrheit
häufig unverständlich und fremd. Für die Dominante Gruppe sind
umgekehrt die Minderheiten in jeder Hinsicht unverständlich und
auffällig. Welche sie, in den Augen der Mehrheit, bedrohlich und
herausfordernd erscheinen lässt. Daraus folgen oft feindliche
Ablehnung der Minderheiten, ängstliche Abwehr- oder
Überreaktionen gegenüber der angeblichen Bedrohung, wodurch
sich die Diskriminierung, von selbst, legitimiert.[15]

3.1.2 Zuschreiben negativer Merkmale

Die dominanten Gruppen schreiben den Angehörigen der
Minderheiten eine Reihe von negativen Merkmalen zu, um sie sozial
negativ anlasten zu können. Wenn diese Merkmale visuell
besonders gut erkennbar sind, können diese Kennzeichen eher zur
fundamentalen Andersartigkeit deklariert werden.[16]Dieser Vorgang
wird in der Psychologie oft mit dem Begriff „Projektion" erklärt.
„Projektion schaffen oder verstärken Vorurteilsbereitschaft und
aggressive Impulse auf Seiten der Mehrheit gegen unterdrückte
Minderheiten; die Art und Zielrichtung der Projektion ist abhängig von
dem gesellschaftlich zugeschriebenen Stereotyp der Minderheit."[17]
Diese zuschreibung von Negativen Merkmalen ist ein Vorgang, in
dem die dominanten Gruppen versuchen, für ihre Diskriminierung der
Minderheiten legitime Gründe zu finden. Es ist ein Prozeß der
Marginalisierung der Minderheiten, da die Dominanten Gruppen über
solches Schubladendenken versuchen, ihre Überlegenheit über die
Minderheit aufrechtzuerhalten und die Benachteiligung der
Minderheiten zu rechtfertigen.[18]

---

14 Petrus Han, Minderheiten in der modernen Gesellschaft, S. 8
15 Rene.König, Der Wandel in der Problematik der sozialen Klasse und Minoritäten, in
   Stefan Hradil, Sozialstruktur im Umbruch, Opladen, 1985, S. 20
16 Petrus Han, Minderheiten in der modernen Gesellschaft, S. 9
17 Friedrich Heckmann, Die Bundesrepublik. Ein Einwanderungsland?, 1981, S. 99
18 Hans-Joachim Hoffmann-Nowotny, Rassische, ethnische und soziale Minderheiten als

3.1.3 Soziale Vorurteile

„Vorurteile bedeuten solche sozialen Beurteilungen, die einst von der Gesellschaft geteilt und daher für sie verbindliche Beurteilungen waren, die nun aber im Zuge des sozialen Wandels nicht mehr pluralistisch gewordenen Gesellschaft geteilt werden und daher ihre Verbindlichkeit verloren haben."[19] Vorurteile sind somit ein Bestandteil der Gesellschaftlichen Ordnung. Mittlerweile werden diese Vorurteile allerdings Politisch missbraucht. Die Vorhandenen Vorurteile gegenüber den Minderheiten werden Zwecks der Politischen Machterhaltung der Mehrheit gegenüber der Minderheit Instrumentalisiert. Dies verstärkt die vorhandenen negativen Vorurteile und schürt die Ängste und den Hass gegenüber den Minderheiten und führt so zu unnötigen Spannungen innerhalb der Gesellschaft.[20]

3.1.4 Diskriminierungen

Diskriminierung steht für unzulässige Ungleichbehandlung[21] die den Gleichheitsgrundsatz verletzt. Diskriminierung resultiert aus der Einstellung zu den sozialen Kategorien, rational kontrolliert, liegt meist eine soziale Konfliktsituation vor und Diskriminierung wird in diesem Fall zu einem Kampfmittel zum Zwecke der Unterdrückung und Ausbeutung. Ist sie allerdings emotional kontrolliert, liegt eine durch Vorurteile begründete persönliche Kampfsituation vor.[22]Die Ungleichbehandlung der Minderheiten findet in verschiedenen Lebensbereichen statt. So das man unter politischer, ökonomischer und sozialer Diskriminierung unterscheidet.[23]

Zukunftsproblem internationaler Integrationsbestrebungen, in Ruprecht Kurzrock, Minderheiten, 1974, S. 178

19 Bernd Estel, Soziale Vorurteile und soziale Urteile, Kritik und wissenssoziologische Grundlegung der Vorurteilsforschung, 1983, S. 211ff

20 Ben Whitaker, Zur sozialpsychologischen Analyse von Minderheitenkonflikten in der Gegenwartsgesellschaft, in Ruprecht Kurzrock, Minderheiten, 1974, S. 31

21 http://de.wikipedia.org/wiki/Diskriminierung

22 Petrus Han, Minderheiten in der modernen Gesellschaft, S. 12

23 Petrus Han, Minderheiten in der modernen Gesellschaft, S. 13

3.2 Die Reaktion auf die Diskriminierung

Während die erste Generation der Arbeitsmigranten noch arbeiten ausführten, die die Einheimischen ablehnten und sich somit, trotz ihrer Leistungsfähigkeit, logischerweise aus dem Feld der aufstiegsorientierten Berufe und der Konkurrenz darum mit den einheimischen, raushielten nahmen die Arbeitsmigranten genau die Positionen ein, die von der Aufnahmegesellschaft für sie gedacht waren.[24] Die folgenden Generationen änderten ihren Standpunkt gegenüber dieser Benachteiligung grundlegend. Sie nahmen diese soziale Benachteiligung mit sozialen Ängsten, negativen Selbstwertproblemen und Einsamkeitsgefühlen wahr.[25]Sie wollten ihre Benachteiligungen nicht mehr als von Natur aus gegeben anerkennen.[26]

3.2.1 Akkommodation[27]

Als eine erste Reaktion auf die Diskriminierung durch die Dominante Mehrheit der Gesellschaft, kommt es zum abfinden mit der machtlosen Situation und dem abfinden mit der Notwendigkeit einer Anpassung an die Gesellschaft, wodurch die Dominanz der Mehrheit anerkannt wird. Die so erlangte Anpassung musste mit einem hohen Preis bezahlt werden, da die Ohnmachtsgefühle und Aggressionen psychisch unterdrückt und verkraftet werden mussten.[28]

3.2.2 Herausfordern der Dominanten Mehrheit

Die Herausforderung der Dominanten Mehrheit auf der Gruppenebene tritt oft zweigleisig auf. Einerseits kämpfen die Minderheiten durch Politische Organisation mit legalen Mitteln für die Verbesserung ihrer Lebensbedingungen, andererseits bevorzugen die Angehörigen der Minderheit, die unter extremer Armut,

---

24 Petrus Han, Minderheiten in der modernen Gesellschaft, S. 14
25 Matthias Jerusalem, Selbstwert, Ängstlichkeit und Sozialklima von jugendlichen
   Migranten, in: Zeitschrift für Sozialpsychologie Nr. 19, 1988, S. 53ff
26 Jürgen Mansel, Die Disziplinierung der Gastarbeiternachkommen durch Organe der
   Strafrechtspflege, in Zeitschrift für Soziologie, Jg. 17, Heft 5, Oktober 1988, S. 349ff
27 Mit Akkommodation ist anpassung, gemeint
28 Petrus Han, Minderheiten in der modernen Gesellschaft, S. 14

Diskriminierung und Ausschluss des Gesellschaftlichen Lebens leiden, den Weg der offenen und spontanen Proteste. Diese Bewegungen lösen oft eine Reihe von Gegenbewegungen der dominanten Mehrheit aus, welche zur Verschärfung der Diskriminierung und der Verfestigung der bereits vorhandenen Vorurteile führen. [29]

4.Fazit

All diese Wissenschaftlich erarbeiteten Tatsachen führen zu der Annahme, das Migration, auf welche Art und Weise und aufgrund welcher Umstände und Tatsachen im Auswanderungsland auch immer, zwangsläufig zur Diskriminierung und Ausschließung der Minderheiten im Aufnahmeland führen. Meiner Meinung nach, lässt sich dies durch Gesetze und Forderungen von Seiten der Politik nicht ändern, solange die Bevölkerung des Aufnahmelandes gegenüber Migrationsbewegungen nicht sensibilisiert worden ist. Das zusammenleben der Kulturen, dem wir im 21. Jahrhundert unausweichlich ausgesetzt sind, liefert beständig neue Munition für die Verfechter Rechtsradikaler und faschistischer Weltanschauungen, welchen durch bloße Verbote kein Einhalt geboten werden kann. Ziel muss es sein, die Chance der Völkerverständigung durch eben jene Migrationsbewegungen zu nutzen, Gesellschaften offen für das Anderssein von Kultur und Ideologie eingewanderter Menschen zu machen und das zusammenleben in allen Bereichen der Gesellschaft zu optimieren und dabei auf die Existenzgrundlage eben jener Menschen

---

29 Petrus Han, Minderheiten in der modernen Gesellschaft, S. 15

einzugehen, die in der Hoffnung eines besseren Lebens für ihre Familien und sich selbst, den Weg in die Migrationsgesellschaften gewählt haben. Dazu zählt nicht nur die Bereitschaft der Wirtschaft, qualifizierte Individuen einen Platz zu bieten, sondern auch die Bildungschancen für Migranten, ebenso wie für die einheimischen, zu erhöhen. Die Ereignisse der letzten Jahre Prophezeien zwar einen Weg in die komplett andere Richtung, durch das Schüren immer mehr Kriege aufgrund von Ressourcenengpässen und dem vorschieben irgendwelcher Behauptungen über Terrorismus und der damit einhergehenden Polarisierung von Ausländern und Menschen mit Migrationshintergrund durch Medien und Einzelpersonen, der Privatisierung von Bildungseinrichtungen und dem Abbau der Sozialleistungen. Diese Umstände werden mit großer Wahrscheinlichkeit zu weiteren Konflikten innerhalb der Einwanderungsgesellschaften führen und diese zwangsläufig nicht nur von den Eingewanderten Minderheiten, sondern auch von Einheimischen Minderheiten und Sub-Kulturen mitgetragen werden.